Jochen Jülicher

Solange ihr mich liebt

Texte und Gedichte zum Abschied

Jochen Jülicher

# Solange ihr mich liebt

Texte und Gedichte
zum Abschied

echter

Bibliografische Information der Deutschen Nationalbibliothek
Die Deutsche Nationalbibliothek verzeichnet diese Publikation in der
Deutschen Nationalbibliografie; detaillierte bibliografische Daten sind
im Internet über <http://dnb.d-nb.de> abrufbar.

12. Auflage 2024
© 2005 Echter Verlag GmbH, Würzburg
www.echter-verlag.de
Umschlag: Peter Hellmund (Foto: plainpicture)
Druck und Bindung: Druckerei Friedrich Pustet, Regensburg
ISBN 978-3-429-02671-4

# Inhalt

# Solange ihr mich liebt

Solange ihr mich liebt, lebe ich weiter.
Bewahrt mich in euren Herzen.
Und wenn mein Bild in euch verblasst,
auf Dauer, jetzt noch nicht,
selbst dann wird unsre Liebe uns verbinden.

Solange ihr mich liebt, tief in euren Herzen,
lebe ich weiter,
bin ich da, wo immer ihr auch seid.
Abwesend anwesend,
auch wenn ihr es nicht spürt,
oder nur ab und zu vielleicht.

Wenn ihr traurig seid,
dass ich so nicht mehr bin,
so wisst, dass es auch mir nicht leicht fiel,
euch allein zu lassen.
Weint ruhig, aber lasst danach
auch wieder Licht in eure Herzen scheinen.

Ich werde da sein, einst, wenn ihr mich braucht
und selbst über die Schwelle tretet,
über die ich jetzt gegangen bin.
Bis dahin lebt, so viel ihr könnt,
habt lieb, so viel ihr könnt,
geht euren Weg mit Kraft zu Ende.

# Bis hierher

Wir sind bis hierher mit dir gegangen,
du hast uns hierhin gebracht,
obwohl wir's gar nicht wollten.
Wir müssen dich abgeben, loslassen
und unserer eigenen Wege weiterziehen,
die ohne dich manchmal so leer erscheinen.

Es gehe dir gut, wo immer du jetzt bist,
uns vielleicht hörst und siehst,
die hier so um dich trauern.
Vergib du uns, was zu vergeben ist.
Und sei gewiss, dass auch wir dir verzeihen.
Wenn es denn sein muss,
dann wenigstens soll Frieden herrschen
für dich und uns,
du da – wir hier.
Frieden, den wir haben mit deinem Leben
und den wir finden müssen mit deinem Tod.

Was bleibt uns übrig jetzt
als zusammenzustehen, zusammenzuhalten
und Trost zu suchen,
da du ihn uns so nicht mehr gibst.
Du hast nicht umsonst gelebt,
du bist ein Teil unseres Lebens geworden,
hast Spuren eingeritzt in unsere Herzen.

Wir werden dieses Leben, darin auch deines,
auf uns nehmen
und es ein kleines Stückchen weiterführen.
Sofern du kannst, stehe uns bei
und mach es nicht zu schwer,
so ungetröstet ohne dich zu leben.
Auch wenn wir's jetzt noch gar nicht wollten,
so sagen wir dir Dank dafür,
wie du warst und wer du bist für uns
und bleiben wirst, solange wir leben.

# Ich weiß

Ich weiß, du kannst selbst nichts dafür,
dass du weg bist, einfach nicht mehr da,
dass der Tod dich mitnahm und dich abberief.

Aber hast du dich denn wenigstens gewehrt,
hast für einen Augenblick
an mich, an uns gedacht,
die ohne dich jetzt weiterleben müssen?
Ist es dir zumindest schwer gefallen,
uns so allein zurückzulassen?

Ich weiß, du kannst selbst nichts dafür,
aber das allein macht es noch nicht erträglich.
Wo auch immer du jetzt sein magst,
wenn es dich irgendwo noch gibt,
sollst du wissen,
ich ruf es dir nach:
Du warst mir lieb und du wirst es bleiben.
Du sollst wissen,
dass ich es dir nicht wirklich verüble.
Du kannst selbst nichts dafür,
aber dass du gehen musstest,
das ist furchtbar hart.

Drum hab Frieden,
auch wenn ich dich
jetzt noch nicht loslassen kann,
erst nach und nach
mit deinem Leben schließen muss
und Frieden finden, irgendwann,
wenn die Erinnerung stark genug ist,
dass du endlich gehen kannst.
Adieu.

# Jetzt schon?!

Musstest du wirklich so früh von uns gehen?
Uns tatsächlich schon verlassen?
Das geht doch nicht,
und jetzt schon gar nicht.
Dein Tod bleibt so fassungslos unbegreiflich.
Ich wehre mich dagegen, wo ich nur kann,
es will einfach nicht in mich hinein,
dass du nicht mehr bist.
So etwas darf mein Herz nicht
so ungeschützt berühren.

Ich halte mich fest daran, dass du weiterlebst,
dass du irgendwo bist,
in unseren Herzen, in unseren Gedanken,
dass du aufgenommen bist
für ewig in den Strom aller Liebe,
die dich auch von uns aus umgibt und begleitet.

Was sollen wir dir noch sagen,
so völlig hinter dir her?
Dass du uns lieb warst,
das hast du gewusst und gespürt,
ich hätte es dir nur gern noch mal öfter gesagt.
Und dass ich mein Leben so,
wie wir zueinander standen,
noch mal mit dir verbringen würde,

das glaube mir bitte,
auch jetzt im Moment,
da ich dich
loslassen muss.

Lebe, wo immer du lebst,
und lass mal irgendwie was
von dir hören,
spüren,
dass du nah bist
und nicht alles vergeht,
denn du bist für mich so viel mehr
als das, was der Tod wegnehmen kann.

# Unfair

Das ist einfach nicht in Ordnung,
dass du jetzt tot bist.
So etwas hast du wirklich nicht verdient.
Das ist ungerecht.
Andere wollen vielleicht gar nicht mehr –
du hättest so gern noch gelebt
und wir mit dir.

Ich weiß, keiner kann wirklich etwas dafür,
doch irgendwo muss ich doch hin
mit meiner Wut, mit der Enttäuschung,
dass du nicht mehr da bist,
mir genommen, geraubt,
auf einmal für immer,
einfach so, ohne Grund –
ich kann zumindest keinen erkennen!
Es gab noch so viel zu sagen, zu leben,
gemeinsam zu tun.
Wir dachten, es wäre Zeit dafür.

Dich abzugeben,
jetzt,
so definitiv,
das war doch noch gar nicht dran.
Es geschieht einfach so, ohne mich zu fragen.

Ich bleibe zurück,
werde mich irgendwie abfinden müssen,
an dich denken aus der Ferne,
dir manchmal auch wieder ganz nah
und anders als jemals zuvor.

Wir werden uns niemals so ganz verlieren,
du, das schwöre ich dir in die Hand.
Und solange nehme ich deine Freundschaft,
deine Liebe
als Unterpfand.

## Für immer nah

Du warst mir so lieb, warst mir nah, einfach da,
auch wenn wir uns nicht jeden Tag
sahen und trafen.
Aber nichts ersetzt deine Anwesenheit,
das Bewusstsein, dass es dich gibt,
dass der Griff zum Telefon
genügt, um dich bei mir zu wissen.

Du warst mir so lieb, warst mir nah, einfach da.
Es will mir nicht so recht in den Kopf,
dass das nun vorbei ist.
Mein Verstand sagt: »So ist es.«
Mein Herz sagt: »Das stimmt nicht,
denn dich hat's doch immer gegeben!« –
Nur ab und zu fällt ein Tropfen
von traurig-dankbarem Gedenken
bis tief in mein Herz,
wo es dann in mir klingt: »Danke! Adieu!
Es gehe dir gut.
Ich werde es ohne dich schaffen,
auch wenn ich es nicht will
und dich am liebsten
für immer
noch weiter
bei mir hätte.«

Doch jetzt hab Frieden,
ich lasse dich ziehen auf Wegen,
die nicht mehr die meinen sind.
Und wenn es so etwas gibt wie ein Wiedersehn,
dann freu' ich mich jetzt schon
auf den Moment,
dass du da bist, mir lieb bist und für immer nah.

## ... und manchmal ganz nahe bei mir

Es ist so schwer zuzulassen,
dass du nicht mehr da bist.
Du fehlst mir an allen Ecken und Enden.
Die Leere, die ohne dich herrscht,
ist oft einfach unerträglich,
dass ich ganz hilflos bin,
ausgeliefert an ein Nichts.

Dich kann keiner ersetzen,
ganz einzig bist du – warst du – für mich.
Dein Platz in meinem Leben ist unwiderruflich,
auch jetzt, da du ihn so nicht mehr einnimmst,
für immer gültig: so und nicht anders.
Dass ich dich überlebe
ist Auftrag, nicht Wahl.
Dich hat keiner gefragt,
und mich hat man auch nicht zu Rate gezogen.

Ich werde mich stellen
dem Kummer, dem Schmerz,
dem eigenen Weiterleben
und dich irgendwo wissen,
wo du jetzt bist
und manchmal ganz nahe bei mir.

## Ohne Schmerzen, fast

Ich gönne dir die Ruhe,
die du hoffentlich jetzt hast,
ohne Schmerzen
geborgen zu sein
für immer und ewig.
Es tut weh,
unsagbar weh,
dass du nicht mehr da bist –
aber dich machtlos leiden zu sehen
ist auch kein Leben,
für dich nicht und nicht für mich.
Zu wissen, dass du es nicht mehr ertragen musst,
erleichtert mein Herz,
wenn ich ein wenig einsam vor mich hin weine
und manchmal gar nicht mehr aufhören mag.
Doch ich gönne dir die Ruhe, den Frieden,
endlich ohne Schmerz.
Ich hoffe, wir sehen uns wieder,
spüren für ewig, was uns im Leben verband.
Und schick mir doch ab und zu
mal ein Lächeln herüber
von da, wo du bist,
was so unvorstellbar, ungreifbar ist,
wovon ich nur hoffe und glaube,
dass es dir dort besser geht.

# Wo bist du denn jetzt?

Wo bist du denn jetzt?
Bist du überhaupt irgendwo,
irgendwie?
Bei Gott und im Himmel, wie man so sagt?
Hast du Frieden gefunden?
Hörst du uns jetzt?
Ich fühle mich unendlich verlassen.

Manchmal spüre ich dich ganz nah bei mir,
für einen Augenblick, dann bist du weg,
kommst wieder, ungerufen,
und nie dann, wenn ich will.

Manchmal ist mir, du würdest in Leichtigkeit
irgendwo lachen,
wolltest mich trösten und meinen Kummer
vertreiben.
Dann wieder ungezählte Stunden und Tage,
da ich nach dir rufe – und du bist nicht da
und ich bin im Kummer versunken.

Vielleicht gibt es Frieden, irgendwann,
wenn ich dich innerlich ein wenig mehr
loszulassen vermag
und du kommen und gehen kannst,
wann immer du willst;

wenn wir unser kleines Geheimnis
der Anwesenheit
still im Herzen für uns bewahren.

Es gibt Momente,
in denen die Sonne untergeht,

plötzlich, mitten am Tage.
Wo es gerade noch hell war
herrscht wortlose Nacht.
Kein Leben mehr sichtbar, kein Mensch.
Vom Dunkel umhüllt
dringt kein Schimmer hindurch.

Hoffnung – wo bist du?
Sinn – schweige still!
Kann Liebe bedecken, was Tod ihr geraubt?
Ich weiß nicht, warum
ich jetzt weiterlebe.

Nur dass irgendwann anders
diese Welt sich wieder
auf eine andere Seite dreht,
befiehlt mir zu leben;
nur dass irgendwo anders
neues Leben entsteht
und niemand umsonst
gelebt hat und lebt;
nur dass irgendwie anders
das Dunkel sich wandelt
und wieder ein Schimmer von Licht
vordringt in finstre Gedanken.

Damit der Tod nicht
das letzte Wort spricht,
auf Widerspruch stößt
und Leben nicht einfach für immer vergeht.

## Ohne Worte

Manchmal weiß man einfach nichts zu sagen,
da ist jedes Wort zu viel,
tut weh,
schlägt fehl,
blockiert,
entblößt,
was lieber noch verborgen bliebe.

Da redet man von Dingen,
die nichts sagen,
die nichts sind,
nur um das Unsagbare
nicht doch
zu Wort kommen zu lassen.

Es steht im Raum,
was keiner sieht und jeder spürt,
und findet nur das Eine nicht:
»Verzeih!«
»Hast du mich wirklich geliebt?«
»Bin ich dir wert gewesen?«
»Wirst du noch um mich sein?«

Manchmal weiß man einfach nichts zu sagen,
da ist jedes Wort zu viel,
tut weh,
schlägt fehl,
blockiert,
entblößt,
was lieber noch verborgen bliebe.

## Los-Lassen

Traue dich loszulassen,
freizugeben, dich selbst
und den, um den du trauerst.
Denn du sollst weiterleben
du darfst weiterleben,
es wird immer genug da sein,
dies zu vollbringen.

Indem du ihn loslässt
verrätst du ihn nicht,
du wirst dein eigenes Leben auf dich nehmen,
Schritt für Schritt, Tag für Tag,
Stunde um Stunde.
Je weiter du kommst,
wird die Angst davor schmelzen
wie der Schnee in lang ersehnter Sonne.
Das, was war, lässt sich nicht festhalten:
Je mehr du danach greifst,
zerrinnt es wie feiner, trockner Meeressand
zwischen den Fingern.

Traue dich loszulassen, freizugeben
und scheinbar ohne Halt weiterzugehen.
Was gewachsen ist und Liebe war,
ist unvergänglich, unumkehrbar,
es wird dich tragen, wenn du dich tragen lässt,

»los-lässt« in freie Bewegung.
Erinnerung wird bleiben,
unbedrohlich, lebensstark.
Du kannst leben, glaube mir,
jetzt, sofort und immer mehr.

## Wehrbar

Warum warst du doch immer so stark,
so kämpferisch, jeden Moment?
Ich wollte dir mehr begegnen,
wollte dich gar nicht verletzen.

Musstest du erst schwächer werden,
um so liebenswert zu erscheinen,
wie du eigentlich immer schon warst?
Warum hast du dich so dagegen gesträubt,
wonach du im Herzen verlangtest?
Angst vor der Nähe, vor dem eigenen Gefühl?
Angst davor, leben und lieben zu können?
Lieber untergehen als Held im Kampfgetümmel,
lieber verletzt sein und verwundet erliegen,
als – einfach so – berührbar zu sein?

Wie habe ich mir das Nahsein gewünscht!
Ich wäre so gern mit dir
mehr in Kontakt gekommen,
hätte dich umarmt und wäre Arm in Arm
einfach so mit dir gegangen!
Doch du warst so wehrbar,
so uneinnehmbar,
und fast immer blieb
ein kleiner Graben dazwischen.

Doch was du gesucht hast,
was jeder dir gönnte
und mancher dir gab,
das war wirklich nur das,
wogegen du dich
so heldenhaft wehrtest!

# Zu Ende gekämpft

Du hast gekämpft,
mit all deinen Kräften,
lange, lebendig, so, wie du warst;
bist endlich unendlich,
endgültig geworden.

Es war nicht leicht,
dir nahe zu bleiben
bis hin an die Grenze
und dich dann doch
ziehen zu lassen auf Wegen,
die nur du gehen kannst
und keiner mit dir.

Ich hätte dich gerne gehalten,
ganz fest und für immer.
Du bist mir entwischt,
weggerutscht aus dem Leben,
geglitten, geschlafen, zu Ende gekämpft.
Nichts ging mehr –
so bist du gegangen,
dein letzter Atem ins Leere,
ausgehaucht für jetzt, für immer.

Unendlich traurig bin ich,
dass du diesen Kampf nicht gewannst,
dass all die Mühe am Ende
dich nicht mehr zurückbringt
ins Leben zu mir.
Du hast nicht verloren,
nur zu Ende gekämpft.

Der Kampf ist vorbei,
nicht die Liebe,
die uns getragen hat und weiter trägt,
die uns band und bindet
bis hinter den Horizont,
der mein Blickfeld, nicht deines, begrenzt.

Ich wünsche dir Frieden,
ohne Kampf, ohne Schmerz,
unendlich geborgen für immer.
Sei dort, wo du bist, verbunden mit mir.
Sei wachsam und sei da in dem Moment,
wenn später, nicht jetzt, zu meiner Zeit,
das Band unserer Liebe mich hinführt zu dir.

# Dich lassen

Es war nicht leicht, mit dir zu gehen,
dir nahe zu bleiben,
bis ganz zuletzt,
machtlos zuzuschauen,
wie sich das Leben ständig mehr
aus dir zurückzog,
den kranken Leib zurücklassend,
die lieb gewordene Hülle,
die dich nicht mehr halten konnte und durfte,
die schwach wurde und schwächer,
vertraut und fremd zugleich,
Du und nicht-Du,
Abschiedsweh und Befreiung
aus dem viel zu engen, schmerzenden Etwas,
das dich umhüllte,
das du warst.

Es war nicht leicht, mit dir zu gehen,
dir nahe zu bleiben,
bis ganz zuletzt,
bis am Ende nichts mehr ging
und ich verlassen
dich lassen musste,
so wie du warst
und bist.

Du bist
aus meinem Leben nicht wegzunehmen,
wirst bei mir sein, irgendwie,
abwesend anwesend,
fern und nah zugleich,
und mir die Kraft geben,
die ich finden muss,
um weiterzuleben.
Adieu.

# Wenn die Eltern sterben

kann ich nirgendwo mehr Kind sein.
Ich stehe selbst da, wo sie einmal standen,
ohne Rückendeckung,
denn die bin ich jetzt für andere,
für die, die nach mir kommen.

Wenn die Eltern sterben,
ist für einen Moment
die Geborgenheit vorbei.
Das hat es noch nie gegeben,
denn sie waren doch immer schon da,
und es ist unvorstellbar,
dass sie nicht für immer bleiben.

Wenn die Eltern sterben,
wird mir der Stab übergeben,
den ich weiterbringen soll, ein kleines Stück,
mein Stück, meine Strecke
im Lauf der Generationen.
Jetzt muss ich ganz erwachsen sein,
auch wenn ich es gar nicht will,
nicht bin, nicht immer.
So wie sie auch, damals,
und jetzt vorbei, für immer.

Doch die man liebt sieht man wieder,
womöglich, irgendwann,
wenn ich selbst
den Stab übergebe,
weiterreiche an die, für die ich da bin
und lebe.

## Un-Fall

Ein Unfall, sagen sie,
ist passiert, sagen sie.
Genaueres wird im Bericht stehen.
Irgendwie muss es geschehen sein,
es war keiner dabei.

Nachts quält mich mein Hirn,
es braucht Bilder.
Und wenn keine da sind,
dann macht es sich welche,
lässt mir keine Ruhe.

Ich will sie auch gar nicht, die Ruhe!
Du sollst zurückkommen, zu mir, gefälligst,
sagen, es sei alles nur ein böser Traum,
aus dem ich irgendwann erwache.

Solch ein Unfall, sagen sie,
kann passieren, sagen sie,
soll nicht, darf nicht,
auf gar keinen Fall!

Wie konnte es überhaupt geschehen?
Wie waren die letzten Sekunden?
Warum war keiner dabei?
Hat es denn wirklich keiner gemerkt?

Ist einfach passiert.
Das will nicht rein bei mir,
ich kann's gar nicht glauben,
krieg's nicht in den Kopf.

Mein Herz hängt irgendwo in der Luft.
Unwirklich und wesenlos ist alles auf einmal.
Ich fühle mich nicht, denke mich nicht,
bin lieber gar nicht da,
halte mir wie ein Kind die Augen zu
und hoffe, dass keiner mich sieht.

Wie's weitergeht, weiß ich nicht,
ist mir auch völlig egal.
Versteht denn keiner,
dass nichts mehr geht?
Ich will gar nicht weiter,
will nur zurück
zu vorher,
als es noch nicht so war,
wie es ist.

# Bleib noch ein kleines bisschen

Bitte, geh noch nicht weg,
bleib noch einen Moment, ein paar Momente,
ein kleines bisschen für immer bei mir!

Du kannst doch nicht einfach so weggehen,
wir sind erst gerade mittendrin
im Leben,
ich brauche dich hier,
nicht dort, wo du jetzt bist.

Drum, bitte, geh noch nicht weg,
bleib noch einen Moment, ein paar Momente,
ein kleines bisschen für immer bei mir!

Weißt du, wir haben noch einiges vor
und noch viel zu wenig hinter uns,
es geht einfach nicht, dass du jetzt schon tot bist.
Das macht mich nur wütend,
du gehörst noch gar nicht dahin,
zu den Toten.
Dein Leben war gar nicht zu Ende gelebt!

Bleib, bitte, bleib noch ein kleines bisschen,
ein kleines bisschen für immer bei mir!

# Warum?

Warum musste es ausgerechnet dich treffen?
Und mich,
uns alle
mitten ins Herz.
Es macht keinen Sinn,
ich kann es mir einfach nicht erklären.
Keiner ahnte etwas von dem,
was plötzlich geschah.
Ich kann es nicht fassen,
dass du nicht mehr lebst,
nicht mehr da bist
so wie immer,
nie mehr.
Ich kann gar nicht hinsehen
und über dich reden,
als wäre alles bloß noch – Erinnerung.
Warum? Warum du? Warum jetzt?
Es ist einfach nicht zu begreifen!
Was soll ich bloß machen,
es kann doch nicht einfach so weitergehen!
Das Leben ist unwirklich ohne dich,
als könnte auch die ganze Welt
noch gar nicht verstehen,
dass es dich nicht mehr gibt.

# Ohne dich

Es ist so schade um dich,
denn du warst mir wichtig,
herzlich im Innern verbunden.

Aus nächster Nähe und von weiter weg –
es war gut, dass du da warst,
dass es dich gab,
dass ich mich immer
zusammengehörig
wusste mit dir.

Für einen Moment
erschien mir ohne dich alles
ganz leer, ohne Sinn. –
Ich hab mich gefangen, wie immer,
gehe weiter, scheinbar,
als wäre kaum etwas gewesen.

Doch dass es dich nicht mehr gibt,
das begreife ich gar nicht.
Mit dir fehlt ein Glanzstück in meinem Leben.

Da, wo du deinen Platz einnahmst bei mir,
da ist ein Schatten entstanden,
kaum Licht mehr, nur Umriss
von dem, der du warst.

Es ist schade um dich
und es ist in der Welt
für mich ohne dich
auf einmal ganz anders geworden.

# Es war – es ist

Es ist nicht nur
die Trauer um deinen Tod.
Es ist
auch die Trauer um dein Leben,
um all das, was vielleicht
noch möglich gewesen wäre,
was jeder dir gönnte und wollte
für dich.

Doch es war dein Leben
und alles andere
nur meine und unsere Gedanken
für dich.

Wir geben ab,
was du für uns warst.
Und auch all das,
was du hättest sein können
in unseren Augen.
Wir geben ab,
was wir für dich nötig fanden,
bekehren uns zu dem,
was du bei uns gelebt,
so wie du wirklich warst.

Möge, was dich und uns bedrängte,
vergeben sein, vergeben werden
und Frieden schaffen
für dich
und uns.

# Hinsehen

Mir fehlen ganz einfach die Worte
für das, was ich empfinde,
für dich, für jetzt,
für den Moment,
da es dich nicht mehr gibt,
nicht so,
nie mehr,
wie es war.

Das lässt sich nicht sagen,
was du für mich warst,
ist nicht auf einen Nenner zu bringen.
Wenn ich an dich denke,
dann bist du lebendig
vor meinen Augen,
bis sie sich unwillkürlich mit Tränen füllen,
als wenn sie noch gar nicht zurückschauen,
lieber noch deine Gegenwart sehen wollten.

Wegschauen ist leichter jetzt
als hinzusehen, zu fühlen
den Schmerz, der in mir steckt.
Lieber flüchten
vor deiner Abwesenheit.

Am besten, es wäre nur ein böser Traum,
aus dem ich irgendwann erwache.

Mir fehlen ganz einfach die Worte
für all das, was du für mich warst
und bist
und bleiben wirst,
solange ich lebe.

# Unwirklich, weit weg

Am liebsten würde ich gar nicht hinsehen
auf das, was ist
und einfach nicht wahr sein darf.
Warum wache ich nicht auf,
und alles war nur ein böser Traum?

Was soll ich noch sagen,
noch denken, noch tun?
Es ändert doch nichts daran,
dass du nicht mehr da bist,
nie mehr,
dass du nicht mehr zur Türe hereinkommst,
nie wieder.
Es strengt mich so an, weiterzuleben
ohne dich,
so unwirklich, weit weg,
und ich will nicht, dass es mir nahe kommt.

Ich sehe dich lebend, nicht tot.
Wie anders soll ich dich sehen?
Ich will dich spüren,
dich fühlen, ganz nah.
Es sag mir doch einer,
dass das alles nicht stimmt!

Stattdessen nur
Stille,
Leere.
Kein Traum mit Erwachen.
Es bleibt fest in mir drin,
dass du nicht mehr da bist
und dass ich weiter muss
ohne dich,
dass ich hinsehen muss,
zusehen, dass es weitergeht
irgendwie,
und dich nur geborgen weiß
irgendwo,
wo ich noch nicht bin.

Mein Platz ist hier,
schau her zu mir,
ich muss noch sehen,
wie Leben ohne dich überhaupt geht.

# Schlagartig

Dass du gehen musstest,
so plötzlich,
ohne Warnung, ohne Zeichen –
nicht mal »tschüss« konnte ich sagen.

Jetzt grüble ich vor mich hin,
ob ich es nicht doch hätte merken können,
irgendwie erkennen, was geschehen würde;
deute jeden Blick,
jedes Wort von dir als Fingerzeig,
will nicht verstehen, dass es gar nichts gab,
was mich hätte vorbereiten oder gar deinen Tod
verhindern können.
Schlagartig und endgültig,
ohne Anlauf, ohne Frage.
Mir bleibt nichts übrig,
als dir hinterherzuwinken,
zu hoffen, dass du's wenigstens noch irgendwie
siehst oder spürst,
wie sehr ich dich vermisse.

Mag sein, dass es so für dich das Beste war,
direkt und schmerzlos,
ohne Leid, ohne Kampf.
Vielleicht hast du es auch so gesehen,
als »leichten« Tod für später, irgendwann.

Doch ich muss jetzt damit leben,
dass du nicht mehr da bist,
von heute auf morgen, wie weggeweht.
Einfach so.
Ich muss Abschied nehmen,
bevor ich es richtig begreife,
dich ziehen lassen, weil es ist, wie es ist,
und keiner, auch du nicht,
wirklich etwas dafür konnte.

Mach's gut, für immer, und Dank dir, adieu!
Lass mich mal irgendwie wissen,
wie es dir da drüben ergeht,
auf der anderen Seite.
Immerhin war es gut, dass du da warst.
Von mir aus hättest du gerne
viel länger bleiben können,
vermutlich hättest du's selber wohl auch gewollt
und mir den Kummer erspart und den Schreck.

Ich werde klarkommen müssen, irgendwie,
werde oft an dich denken, als wärst du noch da –
und dann kaum merklich zusammenzucken,
wenn mir bewusst wird,
dass dies nur ein Wunsch von mir war.
Mach's gut!

# Konjunktiv

Es hätte
noch so viel Leben geben können.
Es hätte
Chancen gegeben,
zu spät nur erkannt.

Es ist ein wenig trist,
so trostlos allein,
wie ich mich jetzt fühle,
da du nicht mehr bist.

Es wäre
mehr möglich gewesen,
wie immer,
wenn man zurückschaut
und sieht,
was wäre, wenn.

Komm her,
ich nähm dich
am liebsten
noch einmal in den Arm
und ginge
noch mal mit dir durchs Leben
und würde
dir alles vor Augen führen

und ließ nichts mehr liegen,
egal was irgendwer darüber denkt.
Nur Leben leben, weiter nichts,
da sein, einfach nur du,
einfach nur so.

Es wäre
doch gar nicht schlecht
gewesen.

## Nach Hause (Sehnsucht)

Natürlich wäre ich gern noch geblieben,
doch irgendwie zog es mich auch
nach Hause, ganz anderswohin,
wo meine Seele Ruhe hat,
wo dieser schwache, kranke Leib
mich nicht mehr zurückhält,
mich nicht mehr beengt.

Oh ja, es tut furchtbar weh,
Abschied zu nehmen,
nie mehr zurückzukommen.
Doch da, wo ich hingehe,
ist keine Zeit,
ist nur Weite, Unendlichkeit, Licht,
worin wir uns wieder begegnen,
ganz anders als jetzt;
wo wir da sind, für immer zu Haus.

Und auch du wirst mich einst
dort wieder treffen,
wenn du dein Leben wirklich zu Ende gelebt,
wenn du alles getan und gegeben,
was dir zu tun und zu geben aufgetragen war.

Du wirst
den Schmerz überwinden,
wirst leben in meiner Anwesenheit,
still und heimlich, wir ganz unter uns.

Ich bin nicht weit weg,
bin nach Hause gegangen.
Und denke daran:
Ich halte dir
für später, nicht jetzt,
dort, wo ich bin,
zu Hause,
ein kleines, doch unendlich weites
Zimmerchen frei.

# Du fehlst

Das kannst du gar nicht glauben,
wie sehr du mir fehlst.
Alles erinnert mich an dich:
jedes Bild, das ich sehe und berühre,
jeder Hauch, den ich sachte spüre
auf meiner Haut,
jedes Ding, das sich legt in meine Hand,
jedes Lied, das je eine Note fand –
alles bist du, hatte von dir seinen Glanz,
ist jetzt farblos und fade und tut mir weh.

Kein Abendspaziergang an deiner Seite,
keine Nacht mehr,
in der ich deinem Atmen lausche.
So still, einfach still,
manchmal unerträglich,
weil du nicht mehr bist.

Der Mond mit romantischen Träumen
ist vom Himmel gefallen,
liegt zerbrochen da wie mein eigenes Leben
so ganz ohne dich.

Wo soll ich denn hin, warum bin ich noch da?
Warum steht die Zeit nicht einfach still
Und wartet, bis du wiederkommst?

Es ist nicht fair, nicht in Ordnung,
dass du tot bist.
Hättest wenigstens noch ein bisschen
bleiben können.

Nichts und niemand kann dich je ersetzen –
das soll auch keiner, niemals.
In mir bleibt etwas bestehen,
was von dir ist, ausschließlich nur dir gehört:
Dein Platz in mir, solange ich bin.
Ganz real, doch nicht greifbar, nur ich und du.
Wie eine Zündflamme,
die darauf wartet, sich auszuweiten,
so lebst du in mir, bis womöglich irgendwann
wir uns wieder sehen – wer weiß, was noch ist.

Es ist mit deinem Tod
das letzte Wort noch nicht gesprochen,
denn das letzte Wort soll »Liebe« sein.

## Haltlos

Wolltest du wirklich nicht mehr weiter?
Es gab doch noch Möglichkeiten!
Wir hätten sicher was gefunden!
Es ist so leer ohne dich,
sonst warst du doch wenigstens noch da.
Jetzt ist alles so anders,
ich kann es gar nicht richtig begreifen.
Auf so etwas kann man sich nicht vorbereiten,
das geht nicht, nicht wirklich jedenfalls.

Ohne dich fertig zu werden,
das ist erst mal ganz fremd.
Du warst mir ans Herz gewachsen,
warst irgendwie ein Teil von mir,
unveräußerbar.
Wir hatten doch noch Leben vor uns,
nicht mehr alles,
doch glaub mir, es wäre schon gegangen.
Was hat dich bewogen,
getrieben bis zum letzten Schritt?
Ich wäre so gerne bei dir geblieben.

Dich loslassen für immer,
das geht doch gar nicht,
dafür haben wir, du und ich, viel zu viel erlebt.
Mit dir ist auch ein Teil von mir

mit hinübergegangen auf die andere Seite,
wo du jetzt irgendwo bist.
Es gehe dir gut da drüben,
hoffentlich besser als hier in der letzten Zeit.
Ach Mensch, warum bist du nur schon auf
immer gegangen?
War deine Zeit wirklich reif,
war sie wirklich gelebt,
war es schon Zeit für ein Ende?

So ganz genau weiß ich nicht, was ich fühle.
Traurigkeit, Einsamkeit, Wut:
Du hast mich allein gelassen.
Erleichterung, dass es zu Ende ist,
dass der Zustand, in dem du dich befandst,
nicht ewig dauert,
nicht andauernd quält.
Ich fühle auch Protest in mir,
gegen den Tod, gegen den Lauf der Dinge.
Egal, alles tut weh, findet keine Ruh',
fühlt sich allein auf der ganzen großen Welt,
die ohne dich so anders ist,
wie ich sie nie bedenken konnte.
Was hätt' ich denn tun soll'n,
um dich noch zu halten?
Es gab einfach kein Halten mehr!

Es sei so, ich kann nichts mehr daran machen,
es wird schon irgendwie weitergehen.

## Danke für dein Leben

Es ist schön, dass es dich gab,
und gerne hätte ich dich noch bei mir behalten.
Es gibt halt Menschen, die sterben einfach
zu früh,
selbst wenn sie hundert Jahre alt würden. –
Auch dann würde ich dich noch vermissen.

Ich schaue zurück auf dein Leben,
sehe dich hier, sehe dich da, ganz lebendig.
Eigentlich ist es unvorstellbar,
dass dies vorbei ist,
dass wir nicht mehr gemeinsam
nach vorne schauen können,
dass aus all unseren Plänen,
Gedanken und Wünschen
jetzt einfach nichts mehr wird.

Vielleicht besteht ein Großteil des Lebenssinns
einfach nur darin,
das Leben zu leben, so wie es ist,
sich in Freude zu freuen,
in Trauer zu trauern und Kummer zu tragen,
doch in all dem den Funken zu wahren,
der einen im Innern am Leben erhält,
nie den Respekt vor dem Leben zu verlieren,
das Schicksal anzunehmen, wie es kommt.

Es war gut, dass es dich gab,
ein Leben ohne dich hätte ich mir gar nicht
vorstellen können und wollen.
Und auch wenn es jetzt schwer ist, so ohne dich
zu leben,
werde ich gerne zurückdenken an dich, an uns,
mit all dem, was wir füreinander waren
und sind
und bleiben werden,
solange ich lebe.

## Ein kleines Stückchen Ewigkeit

Es ist nicht verloren, Dein Leben,
geht weiter in mir, in uns.
Jeder von uns trägt ein Stück
von Deinem Wesen
mit im eigenen Herzen,
manche ein kleines,
manche ein riesengroßes Stück.

Es soll aufgehen in allem,
was uns im Leben begegnet,
wo wir lieben und Freundschaft schließen,
wo wir geben und über uns hinauswachsen,
da bist Du dabei.

Sei Du dafür noch ein wenig bei uns, bei mir;
lass uns Dich noch eine Weile spüren,
bis wir langsam, nach und nach,
loslassen können, was nicht zu halten ist
und selber mit aufgehen, uns weiter geben
in den Fluss des Lebens, worin wir sind,
Du und ich, wir alle und jeder für sich.

Nichts geht für immer verloren,
auch dann nicht, wenn wir es
längst nicht mehr erkennen.
Du trägst in Dir, ich trag in mir
und auch von Dir
ein kleines Stückchen Ewigkeit.

# Mein Bild von dir

Es ist nicht immer so klar,
was wir füreinander sind und bleiben,
wer du für mich warst
und manchmal ganz anders für andere.
Ein jeder hat seine eigene Sicht,
sein eigenes Bild von dir
und trägt es mit sich im Herzen.

Mal seh ich dich vor mir
wie weit aus der Ferne,
dann wieder ganz nah und vertraut.
Es gibt auch Momente,
da kann ich dich nicht sehen
und will dir nicht unter die Augen kommen.
Es gibt so viele Bilder und Wahrheiten davon,
wer einer mal war,
jedes und jede für sich ist berechtigt, vielleicht,
unvergleichbar.
Manchmal spiegelt sich darin auch nur
die eig'ne Zerrissenheit, die Ambivalenz,
die letztlich nie vereinte.

Ein jeder von uns wird leben müssen
mit dem Bild, das er von dir in sich trägt
wird mit dir kämpfen, dich schmerzlich vermissen
oder einfach nur wegschaun: vorbei ist vorbei.

Wer immer du warst, was immer du geschaffen:
Möge das letzte Wort zwischen uns
verbindlich sein
und es aushalten, dass du nicht mehr bist,
dass es ohne dich weiter geht
und dass es etwas gab und gibt,
das uns zusammengeführt,
das nicht sinnlos ist und nicht umsonst.
Hab Frieden!

# Endlich Frieden

Es war ein langer Weg,
den du zu gehen hattest
und wir mit dir.
Du bist ihn gegangen – wir auch;
du bis zum Ende und wir mit dir
so weit es ging.

Du hast es geschafft,
bist durch das Tor hindurch gegangen,
das Leben trennt von Anders-Sein,
das Schmerzen aufhebt, Leid beendet
und was dir Leichtigkeit verschafft,
die keine Schwere drücken kann,
die nicht mehr anhaftet an Dingen.

Hast alles hinter dir gelassen,
für immer und bis bald.
Bist erleichtert, von aller Last befreit.
Und auch wir sind es, da es vorbei ist,
sich nicht noch mehr hinzieht,
was unvermeidlich vor uns stand.

Wir haben Frieden mit deinem Leben
und auch damit, dass es jetzt zu Ende ist.
Es ist genug gelitten und genug gekämpft,
lass einfach gut sein, hab Frieden,
wir nehmen es auf uns,
ohne dich weiterzuleben.

Ist manchmal schwer, das kannst du uns glauben,
aber immer noch besser als weiter so,
wie es zuletzt war.
Ade, adieu, komm gut drüben an.
Es wird uns sicher irgendwann ganz anders
etwas zusammenführen.

# Nicht genug

War das nun schon dein Leben?
Musste das alles sein?
War wirklich nicht mehr drin?
Noch ein bisschen länger,
noch ein bisschen mehr – leben?
Ich kann und will nicht begreifen,
dass es vorüber ist.
Mir ist das viel zu früh!

Hattest wohl selbst auch mit mehr Zeit
gerechnet,
hättest gern noch was gesagt, getan, gegeben,
erreicht,
wärst gerne noch bei uns geblieben.
Doch auf einmal ist Schluss, aus und vorbei.
Nichts geht mehr –
zumindest nicht hier und nicht jetzt.

Möge es bitte danach noch etwas geben,
was weiter reicht als das, was wir sehen.
Doch es tröstet mich, ehrlich gesagt,
nur ganz schwach.

Ich lebe doch hier auf Erden
und weiß erst mal gar nicht wohin.
Es ist ohne dich so komplett anders als sonst,
und zugleich geht alles seinen Gang,
tut so, als ob gar nichts passiert ist.

Wärst du doch was länger geblieben,
vielleicht hätten wir dann
auch gemeinsam mehr leben können
in der Zeit, die uns gegeben.
Es ist einfach nicht genug,
mir jedenfalls reichte es noch lange nicht.
Und lass uns das mal klar absprechen jetzt:
Wenn es danach noch etwas gibt, dann will ich
einer der ersten sein, der mit dir
– wie auch immer – zusammen ist.

# Vergiss das nicht

Vergiss das nicht, was wir gemeinsam hatten,
was wir geträumt, was wir gelebt.
Vergiss das nicht, dass auch du für mich wichtig
warst
und nicht nur ich für dich,
und jetzt, da ich gehen muss, umso mehr.

Vergiss das nicht, wir haben geteilt:
Freundschaft, Leben, täglich Brot,
sind einander nahe gewesen
und auch weiter weg.
Es gibt halt Ebbe und es gibt Flut.

Vergiss das nicht, dass ich auch Schwächen hatte,
nicht alles war immer nur rosig und gut.
Doch es war lebenswert,
lohnend, für dich und für mich,
du warst mir immer gut genug und ich war es dir.
Es war so, wie es war, gegenseitig und völlig okay.

Vergiss das nicht, es war schade,
dass wir in manchen Momenten
die Zeit nicht einfach anhalten konnten,
doch manchmal war ich darüber auch froh,
das hätte ich so nicht immer ausgehalten
und du doch auch nicht, sei ehrlich.

Na und?
Was soll's, war doch gut so, menschlich und nah.
Ich war und ich blieb im Herzen zu jeder Zeit
dankbar, dass es dich für mich gab.

Vergiss das nicht, wenn du heute an mich denkst.

# Es ist vorbei,

zu Ende für immer.
Was bleibt, ist Abschied, Erinnerung,
deine Spuren in meinem Herzen,
in meinem Leben.
Spuren, die jetzt wehtun und brennen,
weil dein Tod sie ganz tief in mich eingräbt,
völlig unauswischbar,
vielleicht irgendwann einmal weniger
schmerzlich,
aber immer präsent.

Und immer wird es mir,
wenn ich deinen Namen hören werde,
einen kleinen Stich versetzen,
mitten ins Herz.

Wie sehr wünschte ich dich wieder hierher,
aber allein schon dass du mir so fehlst,
lässt mich mit dir verbunden sein,
jetzt und für immer:
Es ist nie ganz vorbei.

# Weitergehen

Manchmal müssen wir einfach weitergehen,
ohne wirklich zu begreifen, was geschehen ist.
Es nur ertragen
und wieder aufrecht gehen lernen,
wozu nicht selten der Antrieb fehlt.

Wie betäubt ist die Seele,
kann nicht sehen, will gar nicht erkennen,
was ist.
Und nur weil es nichts bringt, liegen zu bleiben,
stehen wir auf und setzen Schritt für Schritt,
auch ohne zu wissen, wohin.

Zu groß ist der Schmerz,
als dass die Seele ihn voll und ganz gewahr wird,
das geht nicht, noch nicht, jetzt nicht –
und am liebsten niemals.
Doch er weicht nicht aus,
kommt immer wieder,
klopft nicht an, schleicht sich ein.
Will ich entweichen,
muss ich mich selber verleugnen.
Irgendwann, vielleicht schon sehr bald,
werd ich mich ihm stellen,
doch im Moment geht das noch nicht.

Manchmal müssen wir einfach weitergehen,
ohne wirklich zu begreifen, was geschehen ist.
Es nur ertragen
und wieder aufrecht gehen lernen,
wozu nicht selten der Antrieb fehlt.

Doch mit jedem noch so kleinen Schritt,
der gerade geht, nicht einfach weg,
komme ich weiter und weiß nicht, wohin.
Später erst wird klar werden,
was dies alles bedeutet,
dann werde ich sehen, dass aus endlos vielen,
mühsamen Zentimetern
auf einmal Meter geworden sind,
hundert und mehr.

# Die Kraft war zu Ende

Die Kraft war zu Ende, das Leben gelebt,
mit Mühe noch hatt' ich mich aufrecht
gehalten,
solange es ging und lebenswert schien.
Doch jetzt war's vorbei, ich konnte nicht mehr,
nicht noch mehr leben um jeden Preis,
nicht noch mehr Mühe
für jeden kleinen Schritt,
der früher so selbstverständlich erschien.

Es war genug für jetzt und für ewig,
ich geh hinaus aus der Zeit,
weiß nichts von der Zukunft,
weiß nur, dass die Gegenwart
mich nicht mehr trägt
und dass mein Leben verweht
wie ein Windhauch
als hätt's mich kaum gegeben.

Nicht traurig sein, ich bin unterwegs
zu den Menschen von Vorbei.
Nichts hält mich mehr auf,
auch eure Tränen nicht, so leid es mir tut.
Habt Dank dafür und für all das,
was uns im Leben band und bindet,

es ist nicht weg, ist nur vorüber,
bleibt Teil des Lebens, dort, an eurer Seite.

Irgendwann wird es für euch so sein wie jetzt,
dass andere Kräfte die Seele bewegen,
sie ziehen lassen, leiten und tragen
in unvorstellbar Nah und Fern.
Bleibt mir gewogen, ich bleib es euch auch.
ich muss wegziehn und frei sein für immer.

# Es ging so schnell

Es ging so schnell, unglaublich,
meine Seele kommt gar nicht mehr mit,
und bis heute hat sie's noch immer nicht
eingeholt.
Du warst doch gerade noch da, nicht lang her,
ich konnte dich sehen, spüren, hören,
konnte dir nah sein -
und jetzt einfach weg und für immer?
Bist mir so fern, unerreichbar weit weg,
so niemals mehr da;
zugleich, ab und zu nur, ganz nah in Momenten,
wie für Sekunden zu Besuch.

Wie der Donner dem Blitz scheinbar langsam
erst folgt,
obwohl es doch gleichzeitig blitzt und kracht,
so dringt ganz langsam zu mir durch,
dass es unabänderlich ist, wie es ist:
angehalten, festgestellt, unerwartet –
und gnadenlos definitiv.
Für dich war es so und auch für mich,
denn ich muss mit deinem Tod leben
und weiß gar nicht wie.

Die Zeit, sagt man, heilt Wunden,
doch das will ich noch sehn,
denn von alleine geht gar nichts.
Erst muss ich mich stellen,
dem Schmerz und dem eignen Gefühl,
dieser Leere, so endlos und unerträglich tief,
dass ich darin untergehe
und gar nicht mehr weiß, wie ich je wieder
auftauchen soll,
bis mich irgendwie irgendwas wieder
nach oben spült,
mich zum Leben drängt, mich nicht aufzugeben
und dich geborgen zu wissen,
wo ich noch nicht bin.

# Geborgen

Endlich loslassen dürfen,
nicht wieder und nochmal was tun,
und ertragen,
nicht immer weiter müssen,
Schritte setzen, die wehtun
und mich doch am Ende nirgends hin bringen.

Endlich geborgen, getragen, für ewig gewollt,
nichts mehr da, was mich bindet und festhält,
unendlich befreit, erleichtert um alles,
was schwer war,
mit klarem Blick darauf, wer ich war
und warum,
wo ich mir selber im Weg stand,
wo ich nicht in Liebe war,
wo die Angst um mein kleines Ich mich umgab,
wo ich mich habe verleiten lassen.

Bitte verzeiht mir,
dass ich eure Hand nicht mehr halte,
seid mir nicht böse, es ist nicht gegen euch,
ich muss jetzt einfach dahin,
nach Hause für immer,
darf abstreifen, liegen lassen,
was mich nicht weiter bringt.

Doch bin ich euch ganz anders nah als zuvor,
nicht von Augen zu sehen,
nicht mit Händen zu fassen,
nur gelegentlich spürbar
und im Herzen ganz wahr.

Lasst mich aufgehoben sein,
wo ihr noch nicht seid
und irgendwann hinkommt.
Ich werde dort auf euch warten.
Doch kommt nicht zu früh,
lebt euer Leben in Liebe zu Ende,
habt Vertrauen, es fällt keiner ins Nichts,
denn wir sind unendlich geborgen für immer.

# Vielleicht

Vielleicht warst du dem Leben
nie so ganz gewachsen,
immer etwas überfordert,
hast dich nie ganz gestellt,
bist eher weggerannt, hinaus in andere Welten,
irgendwie ständig auf der Flucht,
konntest nicht hinsehen
oder du wolltest es nicht,
oder von beidem ein bisschen.

Derweil ging das Leben einfach weiter,
auch deines, mit dir oder ohne dich,
zog seine Kreise, wie du auch,
ob du wolltest oder nicht.
Man hat nur die Wahl,
ob man mitmischt und selber Weichen stellt
oder es berauscht an sich vorüberziehen lässt,
wohin auch immer das dann führt.
Es holt einen ein, auch wenn man's nicht will,
zeigt scheinbar selten Mitgefühl,
will einfach zugelassen werden,
angenommen und gelebt.

Leben leben, weiter nichts,
nicht kneifen,

den eigenen Platz einnehmen
im Lauf der Generationen,
zugewiesen, nicht gewählt.

Vielleicht war dir ja so,
als hättest du nicht die Mittel dafür,
wärst für sowas nicht gemacht,
hättest lieber was anderes gehabt:
Es wurde dir sicher nicht gerecht.

Bleibt halt, dass du dennoch
ein wenig Spielraum hattest,
nach rechts zu gehen oder nach links,
dich so oder so damit zu verhalten.

Das braucht hier und da
etwas Mut und Zuversicht,
dass du es schaffst,
dass auch du gewollt bist zu leben,
dass du dich nicht geschlagen gibst,
weil Leben mehr ist als das, was wir sehen,
und am Ende andere Dinge zählen
vielleicht.

## Das Echo deines Lebens

Du warst du, dir selber treu,
von keinem nachzumachen,
ganz original, nie die Kopie,
echt bis zum Kern in allen Sachen.

Nicht immer nur einfach,
man musste dich mögen
dein gutes Herz erspüren, das dahinter schlug,
sich deiner Wahrheit stellen,
auch dann, wenn man sie nicht vertrug.

Doch jetzt so ganz ohne dich –
du fehlst, zugleich mein halbes Leben,
dich noch einmal hören, sehen –
was würd' ich dafür geben!
So leer, so gar nicht was ich will:
Die Welt, die du für mich warst,
steht für immer still.

Das Echo deines Lebens
ist längst noch nicht verklungen,
noch spür ich dich, erwarte deine Schritte,
als wäre nicht passiert, was ist,
und du in unserer Mitte.

Keiner wird dich ersetzen können,
du warst so ganz du selbst
und ich dabei ganz ich
welch Glück, mit dir gelebt zu haben
doch tut's unendlich weh,
so ohne mich und dich.

# Unvollendet (Mittendrin raus)

Es war noch gar nicht fertig, dein Leben!
So mittendrin raus,
geht nicht weiter, ist abgebrochen.
Ich will das nicht, das darf nicht sein,
es ist völlig daneben,
es ist ganz und gar nicht vollendet.

Aufhören soll man, wenn es am schönsten ist,
das war doch immer schon Quatsch.
Warum? Wer sagt das?
Wessen Wille soll das bitte sein?
Wer weiß denn, ob nicht noch Besseres kommt?
Dass deine Zeit jetzt schon zu Ende ist,
darin erkenn' ich keinen Sinn.

Vielleicht hat's niemand so bestimmt,
ist nur passiert,
ohne Grund, den die Natur nicht braucht:
Ist einfach so, und es gibt gar keinen,
der es verfügte.
Doch unerträglich ist und bleibt es,
hat mit Gerechtigkeit nicht im Entferntesten
zu tun.

Was soll ich bloß machen?
Zurückholen kann ich dich nicht,
auch wenn ich alles dafür gäbe.

Dankbar bin ich für das, was war,
für die Zeit, die wir gemeinsam hatten.
Sie war es wert, gelebt zu werden,
und du warst es wert, geliebt zu werden.

Dass ich ohne dich weiter muss, ist ungewollt,
ist Schicksal, Zufall, was auch immer.
Es hilft ja nichts, ich muss irgendwie weiter
und kann nur hoffen, dass irgendwann,
wenn auch meine Tage zur Neige gegangen,
wir uns begegnen
und freudig vereint lachen können,
uns freuen an unsrer Gemeinsamkeit
und der Kleinheit dessen,
was uns nur scheinbar trennte bis dahin.
Mach's gut, wir werden uns irgendwie sehn.

# Genug war's

Ich habe meine Zeit gehabt,
hab' genug erlebt, gesehen und bewegt,
mein Lebensziel scheint irgendwie erreicht,
auch wenn ich gar nicht sicher weiß,
was das denn war,
es wird aus dem Verborgenen
sich mir bald zeigen.

Klar, es hätte ruhig noch etwas dauern dürfen,
noch etwas länger bei euch sein,
wär' schön gewesen, doch nun muss ich allein
den Weg zu Ende gehen
und eintauchen in Anderssein:
Nicht mehr konkret, nicht tastbar mehr,
doch spürbar nah
und auch nur manchmal,
wenn ihr's nicht erzwingt.
Oder ein Augenzwinkern von weit weg
damit ihr wisst, dass was ihr seht,
noch längst nicht alles ist.

So wie es war, so war's,
nicht besser und nicht schlechter.
Nichts war umsonst,
doch wirklich wichtig war nur das,
was unsre Seelen wachsen ließ,

was uns zu Liebe führte, blühen ließ,
in ewigen Momenten Leben gab,
das weiter reicht,
uns Einblick gab in das, wo ich jetzt bin.

## Himmel ist anders

Himmel ist irgendwie anders,
keine Engel und Kerzen und Halleluja und so,
kein Paradies weit weg im Nirgendwo.
Himmel ist näher an uns dran,
geborgen in liebevoller Macht
von gutem Geist getragen.

Kein Urteil und kein Richterstuhl,
doch in reinem Licht betrachtet wird mir klar,
was gut war und was nicht,
wer mich wohin geführt und begleitet,
was ich verpasst hab, an Liebe zu leben.

Da blicke ich klar zurück auf mein Leben,
sehe die Chancen, die ich hatte,
die Seele wachsen zu lassen,
wo ich auf sie gehört habe und wo nicht.

Manchmal ist sie gewachsen,
ein andermal blieb sie kümmerlich klein,
kam nicht näher heran an das,
wonach sie sich eigentlich sehnte.
Scheinbare Umwege führten direkt zum Ziel,
direkte Wege gingen daran vorbei.

Doch ich weiß uns geborgen irgendwo,
unendlich groß und spürbar nah,
auch hier im Leben,
wo ich bin, wo du bist,
wo andere Dinge wichtig sind,
wo einzig zählt, was aus Liebe ist,
wo keiner sich etwas vormachen kann
oder braucht,
wo vergeben wird, aber nichts übersehen,
wo wir da sind, für immer zu Hause.
Da irgendwo muss Himmel sein.

## »Er-Innerung«

Ein paar Monate, ein paar Wochen, ein Jahr bist
Du jetzt von uns fort, es war eine lange und nicht
immer nur leichte Zeit; manchmal war es ganz
dunkel, aber ab und zu gab es auch Lichtblicke.
Du hast Spuren in meinem Leben hinterlassen,
unauswischbar, unausweichlich. Trotzdem hat die
Welt nicht stillgestanden seither, auch wenn ich
das anfangs gar nicht wahrhaben wollte. Auch ich
habe mich bewegt – langsam, schwerfällig oft,
und nicht selten gegen Widerstände, doch ir-
gendwie musste ich weiter. So richtig verstehen
kann das kaum einer, wie sehr du mir fehlst und
wie oft und wann und wobei. Es sind oft nur ganz
kleine Dinge, aber manchmal ist dein Verlust auch
total. Du hast mir halt vieles bedeutet. Immer
wieder habe ich versucht, dich abzugeben, zie-
hen zu lassen, freizugeben. Manchmal ging das,
manchmal ging's nicht.

Das Bild, das ich von dir habe, in mir, die vielen,
vielen Bilder und Momente, ich will sie festhal-
ten, greifen, nie mehr verlieren. Doch je mehr ich
sie angestrengt halte, desto mehr rutschen sie wie
trockener, dünner Sand zwischen den Fingern
hindurch. Die Erinnerung an dich rundet irgend-
wie ab, macht Kantiges weniger eckig und Schö-
nes rückt sie noch mehr ins Licht. Aber ich will

dich nicht verdrängen, will dich empfangen, so wie du warst und bist und sein wirst, nicht besser, nicht schlechter, denn so war es gut. Ich kann dich nicht einschließen in der Erinnerung, will auch jetzt mit dir leben, auch wenn das nicht mehr wie vorher geht. Ganz behutsam kann ich in hellen Momenten ein wenig sichten, was du mir gelassen hast, kann deine Spuren in meinem Leben erkennen, sie aufnehmen und weiterziehen. Wie ein Spürhund sucht meine Seele danach.

Die Zeit selbst heilt keine Wunden. Sie verwischt nur die Spuren, macht nur scheinbar erträglich, was durchlitten und durchlebt werden muss. Es sind die kleinen zentimeterweisen Fortschritte, die etwas bewirken, die vielleicht irgendwann einmal zu Metern werden. Immer wieder dazwischen ein Einbruch, Rückfälle. Dass sie die Anläufe sind zu größeren Sprüngen sind, weiß man immer erst hinterher, im Moment selber könnte man schwören, dass es nie einen Fortschritt gab. Dann kenne ich auch mich selbst nicht mehr wieder und denke, ich werd noch verrückt. Aber ob du's glaubst oder nicht, ich bin anders geworden in dieser Zeit, ein wenig nur, aber irgendwie doch; stärker sogar, ein ganz klein wenig.

Natürlich wünscht' ich, du wärst noch bei mir. Aber da es nun einmal so ist, wie es ist, gönne ich dir Ruhe, Frieden, Freiheit – wo und wie auch immer du bist, wer du bist. Lass uns einander nichts nachtragen, weder Gutes noch Schlechtes; lass uns freigeben, du mich und ich dich, immer wieder ein kleines bisschen mehr. Vielleicht dass wir einst uns wiederfinden, wenn wir aufgegangen sind in dem, was wir menschlich ganz klein »Liebe« nennen.

Mach s gut, für immer und auf ewig, pass auf dich auf und auf mich. Du bist mir ja nur vorangegangen und ich komme dir nach, aber erst wenn es für mich soweit ist und ich meinen Weg bis zum Ende gegangen bin.

Mach's gut bis dann, bis irgendwann, solange ich lebe.

# Gebete

(1)
Guter Gott,
wir empfehlen Dir ... . Pass gut auf ihn/sie auf und auf die, die mit ihm/ihr verbunden waren und sind. Er/Sie fehlt hier auf Erden, und es gibt eine ganze Reihe Leute, die wirklich dankbar dafür sind, dass er/sie gelebt hat. Er/Sie hat im Leben auf Dich gezählt und mit Dir gerechnet, auf die Art und Weise, wie es die Seine/Ihre war; und es war gut so. Lass ihn/sie bei Dir lebendig sein, wie auch immer wir uns das vorzustellen haben, und mit denen vereint, die ihm/ihr im Leben etwas bedeutet haben, die ihm/ihr lieb waren.
AMEN.

(2)
Guter Gott,
wir können es noch nicht so recht begreifen, was geschehen ist, geschweige denn, warum dies so kommen musste. Gerecht ist das nicht in unseren Augen, und einen Sinn macht es für uns auch nicht. Aber wir hoffen und glauben, dass ... bei Dir gut aufgehoben ist. Du bist ein Gott des Lebens, nicht des Todes, und vielleicht bist Du ja genauso traurig wie wir darüber, dass er/sie jetzt

so nicht mehr bei uns ist. Wir hätten ihn/sie
gerne noch hier behalten, aber es ist anders ge-
kommen. Wir bitten Dich: Nimm ihn/sie in
Liebe auf, was uns betrifft, hat er/sie es wirklich
verdient. Und kümmere dich auch um die, die
hier so um ihn/sie trauern. Er/Sie hat nicht
umsonst gelebt, und in aller Zerknirschtheit sind
wir auch dankbar, dass er/sie bei uns war. Lass für
ihn/sie und für uns den Tod bitte nicht das letzte
Wort haben.
AMEN.

(3)
Guter Gott,
wir beten für … . Möge er/sie jetzt bei Dir
geborgen sein. Mögen alle Angst und Unruhe,
aller Schmerz ein Ende haben. Und mögen die,
die mit ihm/ihr gelebt und gelitten haben, die
jetzt damit leben müssen, dass er/sie so nicht
mehr unter uns ist, Trost finden in ihrem Leben
hier, an dieser Seite des Lebens. Vor Dir kann und
braucht sich keiner mehr etwas vormachen, Du
kennst unsere Herzen und alles, was wirklich
darin umgeht. Lass ihn/sie und einen jeden von
uns zu seiner Zeit für immer seinen Platz bei Dir
finden, den Du uns nach Wahrheit und in Liebe
gibst. Und möge so Frieden sein für ihn/sie und
für uns.
AMEN.

… mehr von Jochen Jülicher

# Begleitung in der Trauer

Wie gehe ich mit meiner Trauer und mit
der Trauer anderer Menschen um? Was ist
„normal" im Durchleben der Trauer? Wie
lebe ich darin mit meinen Kindern? Wie
kann ich mich in einer solchen Situation
so verhalten, dass ich nicht verletze, mich
nicht aufdränge, aber auch nicht im Stich
lasse?

Konkrete Fragen, die konkrete Antworten
verlangen. Jochen Jülicher geht in klarer
und einfühlsamer Sprache auf diese (und
andere) Fragen ein.

Jochen Jülicher
**Es wird alles wieder gut,
aber nie mehr wie vorher**
Begleitung in der Trauer.

108 Seiten · Broschur.
ISBN 978-3-429-02081-1

 **echter verlag**
www.echter.de

# Seelensehnsucht

In diesem Buch geht es um Wege, die eigene Seele wieder zu „ent-decken", aufzudecken unter allem, worunter sie verschüttgegangen ist; sie wieder zu erspüren, auf sie zu hören und auf das, was in ihr vorgeht.

Denn so wie man sich um den eigenen Körper kümmert, ihm Nahrung gibt, ihn pflegt und versorgt, so braucht auch die Seele Aufmerksamkeit, Fürsorge, Nahrung in Form von Stille, Aufrichtigkeit und Inspiration.

Jochen Jülicher
**Seelensehnsucht**
Wie ich auf sie hören kann und wohin sie mich führt

104 Seiten · Broschur
ISBN 978-3-429-05476-2